MW01233762

Bitcoin und Kryptowährung
für Einsteiger

Der neue vollständige Leitfaden zum
Verständnis von Bitcoin und Cryptocurrency
und ermöglicht es Ihnen, einfach und sicher zu
investieren.

Misao Maeda

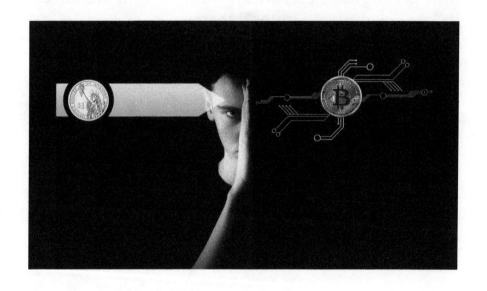

Inhaltsverzeichnis

Bitcoin ist eine virtuelle Währung, die beliebteste, die es gibt.

Die Kryptowährung, die nur eine von vielen ist, die es bis heute gibt, hat als Stärke eine komplexe Schnittmenge aus Privatsphäre und technologischer Innovation.

Einige Geschäfte auf der ganzen Welt akzeptieren Bitcoin als Zahlungsmittel, während in anderen Gerichtsbarkeiten Bitcoin illegal ist.

Bitcoins sind die Währung der Zukunft, zumindest nach Meinung einiger, und ihre Preisgestaltung ist zunehmend Gegenstand von Interesse und Spekulationen. Aber was sind Bitcoins? Wie funktionieren sie?

Was ist Bitcoin?

Bitcoin ist eine digitale Währung, die im Januar 2009 geschaffen wurde. Sie folgt den Ideen, die in einem White-Paper des mysteriösen und pseudonymen Satoshi Nakamoto dargelegt wurden.1 Die Identität der Person oder Personen, die die Technologie geschaffen haben, ist immer noch ein Geheimnis. Bitcoin bietet das Versprechen niedrigerer Transaktionsgebühren als traditionelle Online-Zahlungsmechanismen und wird im Gegensatz zu staatlich ausgegebenen Währungen von einer dezentralen Autorität betrieben. Bitcoin ist eine Art von Kryptowährung. Es gibt keine physischen Bitcoins, sondern nur Guthaben, die in einem öffentlichen Hauptbuch geführt werden, auf das jeder transparent Zugriff hat. Alle Bitcoin-Transaktionen werden durch eine riesige Menge an Rechenleistung verifiziert. Bitcoins werden nicht von Banken oder Regierungen ausgegeben oder unterstützt, noch sind einzelne Bitcoins als Ware wertvoll. Obwohl Bitcoin kein gesetzliches Zahlungsmittel ist, ist es sehr beliebt und hat die Einführung von Hunderten anderer Kryptowährungen ausgelöst, die zusammen als Altcoins bezeichnet werden. Bitcoin wird üblicherweise als "BTC" abgekürzt.

Wichtigste Erkenntnisse

Der 2009 eingeführte Bitcoin ist nach Marktkapitalisierung die größte Kryptowährung der Welt.

Im Gegensatz zu Fiat-Währungen wird Bitcoin mit Hilfe eines dezentralen Ledger-Systems, der sogenannten Blockchain, erstellt, verteilt, gehandelt und gespeichert.

Die Geschichte von Bitcoin als Wertaufbewahrungsmittel war turbulent; die Kryptowährung schoss 2017 auf etwa 20.000 $ pro Münze hoch, aber weniger als Jahre später wurde sie für weniger als die Hälfte davon gehandelt.

Als die erste virtuelle Währung, die auf große Beliebtheit und Erfolg stieß, hat der Bitcoin eine Vielzahl anderer Kryptowährungen inspiriert.

Bitcoin verstehen

Das Bitcoin-System ist eine Sammlung von Computern (auch "Nodes" oder "Miner" genannt), die alle den Bitcoin-Code ausführen und die Blockchain speichern. Metaphorisch kann man sich eine Blockchain als eine Sammlung von Blöcken vorstellen. In jedem Block befindet sich eine Sammlung von Transaktionen. Da alle Computer, auf denen die Blockchain läuft, die gleiche Liste von Blöcken und Transaktionen haben und transparent sehen können, dass diese neuen Blöcke mit neuen Bitcoin-Transaktionen gefüllt werden, kann niemand das System betrügen.

Jeder, egal ob er einen Bitcoin-"Knoten" betreibt oder nicht, kann sehen, dass diese Transaktionen live stattfinden. Um eine schändliche Tat zu begehen, müsste ein böser Akteur 51% der Rechenleistung betreiben, aus der Bitcoin besteht. Bitcoin hat etwa 12.000 Knoten, Stand Januar 2021, und diese Zahl wächst, was einen solchen Angriff ziemlich unwahrscheinlich macht.

Aber für den Fall, dass ein Angriff stattfinden würde, würden die Bitcoin-Miner - die Leute, die mit ihrem Computer am Bitcoin-Netzwerk teilnehmen - wahrscheinlich zu einer neuen Blockchain forken, was den Aufwand, den der böse Akteur für den Angriff betrieben hat, zur Verschwendung macht.

Die Guthaben der Bitcoin-Token werden mit öffentlichen und privaten "Schlüsseln" verwaltet, die lange Zahlen- und Buchstabenketten sind, die durch den mathematischen Verschlüsselungsalgorithmus verknüpft sind, der verwendet wurde, um sie erzeugen. Der öffentliche Schlüssel (vergleichbar mit einer Bankkontonummer) dient als die Adresse, die der Welt veröffentlicht wird und an die andere Bitcoins senden können. Der private Schlüssel (vergleichbar mit einer Geldautomaten-PIN) soll ein gehütetes Geheimnis sein und nur zur Autorisierung von Bitcoin-Übertragungen verwendet werden. Bitcoin-Schlüssel sollten nicht mit einer Bitcoin-Wallet verwechselt werden, die ein physisches oder digitales Gerät ist, das den Handel mit Bitcoin erleichtert und den Benutzern erlaubt, den Besitz von Münzen zu verfolgen. Der Begriff "Wallet" ist ein wenig irreführend, da die dezentrale Natur von Bitcoin bedeutet, dass es nie "in" einer Wallet gespeichert wird, sondern eher dezentral auf einer Blockchain.

Peer-to-Peer-Technologie

Bitcoin ist eine der ersten digitalen Währungen, die die Peer-to-Peer-Technologie nutzt, um sofortige Zahlungen zu ermöglichen. Die unabhängigen Einzelpersonen und Unternehmen, die die maßgebliche Rechenleistung besitzen und am Bitcoin-Netzwerk teilnehmen - Bitcoin-"Miner" - sind für die Verarbeitung der Transaktionen auf der Blockchain verantwortlich und werden durch Belohnungen (die Freigabe neuer Bitcoin) und Transaktionsgebühren, die in Bitcoin bezahlt werden, motiviert.

Diese Miner kann man sich als dezentrale Autorität vorstellen, die die Glaubwürdigkeit des Bitcoin-Netzwerks durchsetzt. Neue Bitcoin werden für die Miner mit einer festen, aber periodisch abnehmenden Rate freigegeben. Es gibt nur 21 Millionen Bitcoin, die insgesamt abgebaut werden können. Mit Stand vom 30. Januar 2021 gibt es ungefähr 18.614.806 Bitcoin und 2.385.193 Bitcoin, die noch abgebaut werden können.

Auf diese Weise funktionieren bitcoin und andere Kryptowährungen anders als Fiat-Währungen; in zentralisierten Bankensystemen wird die Währung in einem Rhythmus freigegeben, der dem Wachstum der Güter entspricht; dieses System soll die Preisstabilität aufrechterhalten. Ein dezentrales System, wie bitcoin, legt die Freigabe-Rate im Voraus und nach einem Algorithmus fest.

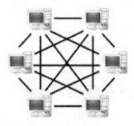

Server-based   P2P-network

Bitcoin-Schürfen

Bitcoin-Mining ist der Prozess, durch den Bitcoins in Umlauf gebracht werden. Im Allgemeinen erfordert das Mining das Lösen von rechnerisch schwierigen Puzzles, um einen neuen Block zu entdecken, der der Blockchain hinzugefügt wird. Bitcoin-Mining fügt Transaktionsdatensätze im gesamten Netzwerk hinzu und verifiziert sie. Für das Hinzufügen von Blöcken zur Blockchain werden Miner mit ein paar Bitcoins belohnt; die Belohnung wird alle 210.000 Blöcke halbiert. Im Jahr 2009 betrug die Blockbelohnung 50 neue Bitcoins. Am 11. Mai 2020 erfolgte die dritte Halbierung, wodurch die Belohnung für jede Blockentdeckung auf 6,25 Bitcoins sank. Eine Vielzahl von Hardware kann zum Mining von Bitcoin verwendet werden. Einige liefern jedoch höhere Belohnungen als andere. Bestimmte Computerchips, genannt Application-Specific Integrated Circuits (ASIC), und fortschrittlichere Verarbeitungseinheiten, wie Graphic Processing Units (GPUs), können mehr Belohnungen erzielen. Diese aufwendigen Mining-Prozessoren sind als "Mining Rigs" bekannt.

Ein Bitcoin ist auf acht Dezimalstellen teilbar (100 Millionstel eines Bitcoins), und diese kleinste Einheit wird als Satoshi bezeichnet. Wenn nötig und wenn die teilnehmenden Miner die Änderung akzeptieren, könnte Bitcoin schließlich auf noch mehr Dezimalstellen teilbar gemacht werden.

Geschichte von Bitcoin

Nachdem die Subprime-Krise und die Lehman-Brothers-Pleite ein Licht auf die Schwachstellen des bestehenden Finanzsystems geworfen haben, wurde am 31. Oktober 2018 das Bitcoin-Whitepaper veröffentlicht, das detailliert beschreibt, wie das Protokoll funktioniert. Dieses neue Tauschsystem hat aus den gescheiterten, aber lehrreichen Erfahrungen seiner Vorgänger HashCash (1997), B-Money (1998), RPOW (2004) und Bitgold (2008) gelernt.

Bitcoin knüpfte insbesondere an die Cypherpunks an, eine Gemeinschaft, die sich für die Rechte der Privatsphäre einsetzte und die Probleme, die das Internet in Bezug auf die Verletzung der Privatsphäre mit sich bringen würde, schon lange im Voraus erkannt hatte. Satoshi Nakamoto, ein von dem/den Schöpfer(n) verwendetes Pseudonym, konnte sich mit Mitgliedern dieser Gemeinschaft umgeben, die bereits an den oben genannten Projekten gearbeitet hatten, wie Nick Szabo, Hal Finney, Adam Back und Wei Dai.

Gehen wir noch einmal chronologisch die wichtigsten Punkte der Geschichte von Bitcoin seit seiner Einführung durch:

2009

3. Januar: Satoshi Nakamoto startet die Plattform, indem er den ersten Bitcoin-Block, auch "Genesis-Block" genannt, erzeugt. 9 Tage später, die erste Transaktion fand in Block 170 zwischen Satoshi Nakamoto und Hal Finney für 10 BTC statt. Für die Anekdote, der Block erzeugt enthält den Text: "The Times 03/Jan/2009 Chancellor on brink of second bailout for banks", Satoshi beweist, dass er keinen Block vor dem 3. Januar 2009 gemined hat.

5. Oktober: Der erste Wechselkurs wird auf der New Liberty Standard Plattform angegeben. Er beträgt 1309,03 BTC für 1$, dieser Preis wird durch die Berechnung des Preises für den Strom, der für das Mining dieser Menge an Bitcoins aufgewendet wurde, ermittelt.

2010

22. Mai: Der Programmierer Lazslo Hanyecz macht die erste Bitcoin-Transaktion gegen eine Immobilie. Es handelte sich um zwei Pizzen zum Preis von 10000 BTC, was zum Marktpreis 20$ entspricht.

17. Juli: MtGox wird geboren. Diese Sammelkartenbörse wird in den nächsten 4 Jahren der größte Bitcoin-Handelsplatz.

12. Dezember: Satoshi Nakamoto zieht sich aus dem Projekt zurück und übergibt die Leitung an Gavin Anderson, einen Entwickler, der noch heute an Bitcoin arbeitet.

2011

Februar: Bitcoin erreicht die Parität mit dem Dollar.

Der berühmte illegale Marktplatz Silk Road wird eröffnet und nutzt Bitcoin als Zahlungsmittel.

Die ersten Krypto-Assets entstehen als Alternativen zu Bitcoin. Namecoin und Litecoin waren die ersten, die sich präsentierten.

2012

27. September: Gründung der Bitcoin Foundation, die sich zum Ziel gesetzt hat, Bitcoin zu standardisieren, zu schützen und zu fördern.

28. November: Das erste "Halving" findet statt, wobei die Belohnung, die Minors mit jedem Block von Transaktionen erhalten, durch zwei geteilt wird. Sie beträgt nun 25 BTC.

2013

2. Oktober: Silk Road wird geschlossen. Der Preis von Bitcoin beginnt eine neue Phase des Fortschritts: Er übertrifft am 7. November seinen bisherigen Rekord von 237 Euro und erreicht am 4. Dezember 912 Euro.

2014

Februar: Der weltgrößte Marktplatz MtGox geht nach einem Hack von 744.000 BTC in Konkurs, was zu einem kolossalen Einbruch des Bitcoin-Preises führt, der bis 2015 anhält. In diesem Zeitraum bricht der Kurs um mehr als 750 Euro ein und fällt unter 160 Euro.

13. Mai: Die Geburt von La Maison du Bitcoin, dem ersten und einzigen Raum, der sich in Frankreich den Kryptoassets widmet, der Expertise und Know-how an die Öffentlichkeit bringt und auch einen einfachen und ruhigen Kauf und Verkauf über seine Plattform Coinhouse ermöglicht.

2015

Konzerne wie UBS, IBM, Orange und die amerikanische Armee beginnen, Bitcoin und Blockchain-Technologien ernst zu nehmen und arbeiten an Anwendungsfällen.

Entwicklung des Ethereum-Projekts unter der Leitung von Vitalik Buterin, das sich zur zweiten Krypto-Aktivität in Bezug auf die Marktkapitalisierung entwickeln wird. Ethereum bietet eine dezentrale Plattform, die die Erstellung von dezentralen Anwendungen, sogenannten Apps, ermöglicht.

2016

2. August: Bitfinex erleidet einen der größten Hacks in der Geschichte von Bitcoin mit einem Diebstahl von 119 756 BTC. Das Krypto-Ökosystem wächst deutlich mit einem starken Anstieg der Anzahl von Projekten und einem stabilen und allmählichen Anstieg des Preises von Kryptoassets.

2017

Am 4. April führte Japan einen gesetzlichen Rahmen für "virtuelle Währungen" ein und erkannte sie als legale Mittel an. Die Explosion der Kurse und der Hype um die Krypto-Assets ließen den Preis eines Bitcoins bis auf 20000$ steigen. Dieser digitale Goldrausch hat auch die aktuellen Grenzen der Technologie als globales Zahlungsmittel gezeigt, mit Transaktionsgebühren von bis zu 30$ pro Transaktion.

Die Community hat jedoch ihren Einfallsreichtum und ihre Effizienz bewiesen, indem sie Lösungen wie SegWit und das Lightning Network vorgeschlagen hat, die die Kapazität des Bitcoin-Netzwerks drastisch erhöhen werden.

2018

Dieses Jahr wird in den Köpfen der Investoren das Jahr des "Bären" bleiben Markt" mit einer starken Korrektur von Bitcoin im Umfang von 85% seines ATH.

2018 ist auch das Jahr der Institutionalisierung des Marktes, mit regulierten Investmentfonds wie Greyscale, die immer mehr professionelle Investoren willkommen heißen, die sich dem Bitcoin aussetzen wollen.

Ein kollektives Bewusstsein entsteht auch nach 2017, mit Regulatoren und Regierungen, die sich über Bitcoin und Blockchain-Netzwerke im Allgemeinen informieren, es ist ein Jahr des Lernens.

Das Lightning Network wurde Anfang 2018 eingeführt und wächst im Laufe des Jahres kontinuierlich.

2019

2019 markiert das Ende des Bärenmarktes, mit einer starken Erholung des Bitcoin-Kurses seit Anfang des Jahres.

Bitcoin erreicht neue Höhen in Bezug auf die Rechenleistung, die seiner Sicherheit gewidmet ist, sowie in Bezug auf seine Nutzung.

Wer kontrolliert Bitcoin?

Bitcoin ist die Schöpfung einer Person oder Gruppe von Personen, die sich hinter dem Pseudonym "Satoshi Nakamoto" versteckt. Er (oder sie) war in der Lage, verschiedene Technologien, die Kryptographie und verteilte Register kombinieren, zu verschmelzen, um ein wertvolles Netzwerk ohne vertrauenswürdige Dritte anzubieten. Trotz des Erfolges seiner Erfindung bleibt Satoshis Identität unbekannt, und er stieg 2011 aus dem Projekt aus. Aber wenn Satoshi morgen zurückkäme, wäre er dann in der Lage, Bitcoin zu kontrollieren? Ist das Protokoll wirklich sicher?

Spekulationen über Satoshi Nakamotos wahre Identität gibt es seit den Anfangsjahren von Bitcoin immer wieder. Satoshi Nakamotos Gründe, anonym zu bleiben, sind unbekannt, obwohl es wahrscheinlich ist, dass er erhebliche Medienbelästigung und potentielle Gerichtsverfahren vermeiden wollte, da Bitcoin in mehreren Ländern verboten wurde. Satoshi Nakamoto verließ das Projekt im Jahr 2011, überließ Bitcoin den Nutzern und erfüllte damit die Vision eines dezentralen und zensurresistenten Netzwerks von Werten: die Entstehung einer wirklich anderen Währung.

Wie können wir sicher sein, dass Satoshi Nakamoto nicht von seiner Erfindung profitiert?

Bitcoin ist eine Open-Source-Software mit dem gesamten Code, der auf der speziellen Github-Seite verfügbar ist. Die Untersuchung des Codes der Software erlaubt es uns, genau zu wissen, wie sie sich verhält. Dies macht es einfach zu verifizieren, dass Satoshi unter keinen Umständen das Bitcoin-Protokoll manipulieren und es dazu bringen könnte, sich nach eigenem Ermessen zu entwickeln oder den Inhalt eines bestimmten Portfolios zu verändern. Basierend auf einer vielversprechenden und disruptiven Technologie, glauben wir, dass Bitcoin viele Vorteile hat und deshalb können Sie Bitcoins auf unserer Online-Plattform kaufen.

Wer kontrolliert das Protokoll?

Auf diese Frage gibt es viele Antworten. Sie werden hier vom Ingenieur Jameson Lopp sehr gut detailliert.

In Bitcoin ist alles so konzipiert und konfiguriert, dass Zentralisierung und Single Points of Failure vermieden werden. Sie können unseren Artikel über das 21-Millionen-Bitcoin-Limit lesen, das ein wichtiges Merkmal des Protokolls ist.

While everyone can contribute to the code on Github/bitcoin, a number of safeguards are implemented to ensure that the code and its evolutions remain secure.

A limited number of individuals, the core developers, have the ability to publish and sign a new version of the protocol using what is called their PGP key: the equivalent of a Bitcoin private portfolio key. Today, five people hold verified keys. This number is dynamic and these people are known to have been actively involved in the development of the protocol for many years. They may choose to add/remove a member at any time by consensus.

Any other developer has the ability to propose changes to the protocol, and core developers are responsible for reading them and accepting or rejecting them.

Das Protokoll liegt also in den Händen der Entwickler?

Zunächst einmal gibt es mehrere Implementierungen der Bitcoin-Software. Während Bitcoin Core die Hauptimplementierung ist, an der die meisten Entwickler mit mehr als 95% der Nodes arbeiten, gibt es keine Anforderung, diese zu verwenden. Es reicht aus, wenn die Anwendung mit dem Protokoll kompatibel ist, und sie wird in allen Netzwerk, genauso wie Web-Benutzer die Wahl zwischen Chrome, Firefox oder Edge haben.

Aber auch wenn Sie eine andere Software verwenden, muss diese mit dem Protokoll übereinstimmen. Allerdings wird das Protokoll auch von den Kernentwicklern kontrolliert. Kann man dann noch von Dezentralisierung sprechen, da es ja reichen würde, wenn einige von ihnen zustimmen würden, es so zu verändern, wie sie es gerne hätten?

Das Prinzip des Konsenses

Zum Glück nicht: Die einzige Macht, die die Kernentwickler haben, ist die Veröffentlichung und das Vorschlagen neuer Versionen des Protokolls an die Gemeinschaft. Letztendlich sind die Besitzer der Netzwerkknoten für die Entscheidung verantwortlich, ob sie ihre Maschinen mit einer neuen Version aktualisieren oder nicht. Man kann also sagen, dass die Entscheidung, das Protokoll zu ändern, im Konsens von den Besitzern der Knoten der Blockchain getroffen wird.

Nichts hindert ein neues Entwicklerteam daran, aufzutauchen und eine neue Version vorzuschlagen. Wenn sie von der großen Mehrheit der Knoten akzeptiert wird, wird sie zur offiziellen Version. Diese Freiheit wurde im Jahr 2017 für die Implementierung von SegWit genutzt. Die Miner sträubten sich, SegWit zu übernehmen. Daraufhin wurde ein Vorschlag unter dem Namen BIP148 gemacht, um auch die Node-Besitzer einzubeziehen und ihre Meinung abzugeben. Da dieser Vorschlag nicht auf Bitcoin Core angewendet wurde, gewann eine Implementierung namens Bitcoin UASF schnell an Popularität. Der Druck, der von Bitcoin UASF ausgeübt wurde, reichte den Minern aus, um SegWit über die in Bitcoin Core definierten Prozesse zu integrieren.

Kurz gesagt, die Technologie und das Protokoll, die Bitcoin zum Funktionieren bringen, erlauben es, sich dynamisch weiterzuentwickeln, nach dem Prinzip des Konsens und nicht durch einseitige Entscheidungen. Die Antwort auf die Frage "Wer kontrolliert Bitcoin?" ist einfach: "Niemand und jeder zur gleichen Zeit", durch einen Mechanismus, der nicht auf Demokratie, sondern auf Konsens basiert. Willkommen in der Welt der freien Software.

Kann Bitcoin gehackt werden?

Ein starkes Paradigma in Bitcoin basiert auf seiner vermeintlich absoluten Sicherheit, mit seiner unveränderlichen und unhackbaren Blockchain. Dennoch hören wir oft von Hackern in der Bitcoin-Welt, wobei manchmal Hunderte von Millionen Dollar gestohlen werden. Wie ist es wirklich?

Hacken? Wo?

Im Laufe des Jahres 2018 gab es zahlreiche Angriffe auf Bitcoin oder andere Kryptoassets. Das Jahr begann sehr schlecht, mit einigen NEM-Tokens, die auf einer japanischen Plattform für mehr als 500 Millionen Dollar gestohlen wurden. Leider wurden die Lehren daraus nicht gezogen, da im Laufe des Jahres auf mehreren Plattformen mehr als 1 Mrd. $ gestohlen wurden...

Aber der am meisten berichtete Hack von Kryptoassets ist zweifellos derjenige, den die Plattform MtGox Anfang 2014 erlitten hat, der in den meisten Ländern Europas und den USA Schlagzeilen machte und bei dem ein Betrag von 700.000 Bitcoins betroffen war.

Diese Angriffe haben eines gemeinsam: Sie betreffen ausschließlich Online-Plattformen, auf denen Anleger ihre Kryptoassets lagern.

Was ist der Unterschied zwischen einem Portfolio und einer Plattform?

Das Lagern von Bitcoins ist, wie wir bereits erwähnt haben, ein irreführender Begriff. Alle Bitcoins, wie auch die anderen Kryptoassets, existieren nur auf der Blockchain. Der Besitzer eines Bitcoins behält eigentlich nur einen privaten Schlüssel, dessen Zweck es ist, Transaktionen dieses spezifischen Bitcoins zu autorisieren. Wenn eine Person Portfolios wie Coinomi oder die Ledger Wallet nutzt, kontrolliert sie direkt ihre privaten Schlüssel, um die Bitcoins auszugeben. Ein potenzieller Hacker ist daher gezwungen, sich die privaten Schlüssel des Portfolios zu beschaffen, was je nach gewähltem Portfolio schwierig oder sogar unmöglich sein kann, so dass das Ergebnis bestenfalls zufällig ist. Eine Online-Plattform ist natürlich ein viel profitableres Ziel. Diese Plattformen handeln täglich mit Bitcoins und anderen Kryptoassets im Wert von Millionen von Dollar, und sie arbeiten über Standard-Computerserver. Die Investoren legen ihre Bitcoins auf diesen Plattformen an, die somit die privaten Schlüssel besitzen, um sie auszugeben. Ein Hacker, der diese privaten Schlüssel in die Hände bekommt, ist sofort in der Lage, alle auf der Plattform gespeicherten Bitcoins zurückzuholen.

Eine andere Form des Angriffs besteht darin, das Abhebungssystem der Plattform zu hacken, um es an eine legitime kryptografische Abhebung glauben zu lassen und so Gelder vieler Benutzer zurückzuholen.

Plattformen werden gehackt, nicht die Blockchain

Hacker konzentrieren sich auf die Sicherheit von Online-Plattformen, deren Software von den Mitarbeitern dieser Plattformen geschrieben wurde. Die Software, die das Bitcoin-Protokoll und die Blockchain definiert, wurde dagegen nur einmal, im Jahr 2010, als fehlerhaft befunden und der Fehler wurde schnell und ohne finanzielle Folgen behoben.

Einer der wesentlichen Gründe, der die Solidität des Protokolls erklären kann, ist die Tatsache, dass es Open Source ist: Es ist für jeden lesbar, der es haben möchte. Es mag wie ein Paradox erscheinen, eine solche Software zu öffnen, aber die Erfahrung hat gezeigt, dass freie Software wie das Linux-Betriebssystem extrem stabil und sicher ist, mit einer großen Gemeinschaft, die täglich zusammenarbeitet, um die Qualität zu verbessern und alle Sicherheitsprobleme zu beheben.

Bitcoin ist keine Ausnahme von dieser Regel, und eine Gemeinschaft von mehr als hundert IT-Spezialisten arbeitet daran, es zu sichern und zu entwickeln Alltag.

Es ist also falsch zu sagen, dass die vielen Hacks, die auf

Online-Handelsplattformen stattfinden, die Sicherheit von

Bitcoin oder der Blockchain in Frage stellen. Es ist nur die

Software auf diesen Plattformen, die fehlerhaft ist und nicht

das Protokoll selbst. Als Analogie kann man sagen: Nur weil

eine Bank ausgeraubt wird, heißt das nicht, dass die

Sicherheitsmechanismen für Euro-Banknoten defekt sind.

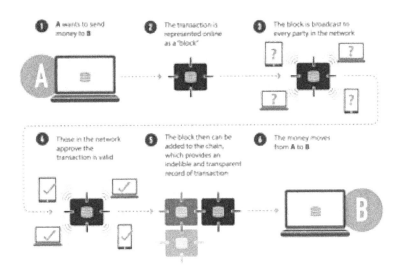

Was bestimmt den Preis von Bitcoin?

Wenn ein Bitcoin ein hergestelltes Produkt wäre, das einer Firma gehört, wäre es für seinen Schöpfer möglich, den Preis zu bestimmen, entweder direkt, indem er ihn willkürlich festlegt oder indirekt, indem er die auf dem Markt verfügbare Menge begrenzt oder erhöht. Da Bitcoin von Natur aus dezentralisiert ist, ist es nicht möglich, diese beiden Methoden anzuwenden, um seinen Preis zu kontrollieren.

Wie wir bereits gesehen haben, wird die Anzahl der neu generierten Bitcoins über einen bestimmten Zeitraum durch den Mining-Prozess festgelegt. Neue Bitcoins werden in Abhängigkeit von der Rechenleistung im Netzwerk (Hashrate) "verteilt".

Bitcoin, ein volatiler Vermögenswert

Jeden Tag neigt der Preis von Bitcoin und anderen Krypto-Assets dazu, erheblich zu schwanken. Es ist nicht ungewöhnlich, Anstiege oder Rückgänge von 10% oder mehr innerhalb eines Tages zu sehen, was bei anderen Anlageklassen wie Aktien oder Edelmetallen extrem selten ist. Wie bei diesen anderen Vermögenswerten wird der Wert von Bitcoin durch Angebot und Nachfrage auf den Märkten bestimmt. Zu jedem gegebenen Zeitpunkt entscheiden Wirtschafts

Wirtschaftsakteure entscheiden, zu einem Preis zu kaufen und zu verkaufen, den sie für interessant halten. Wenn sich ein Käufer und ein Verkäufer auf einen Preis einigen, wird eine Transaktion durchgeführt und der Preis wird entsprechend dieser letzten Transaktion festgelegt.

Fundamentale Analyse

Die Analyse eines Projekts, seine technologischen und wirtschaftlichen Komponenten, sein Management durch das Entwicklungsteam, sind ausgezeichnete Faktoren, um den Wert eines Assets wie Bitcoin zu bestimmen. Wir können neue hinzufügen, z.B. ein großes Unternehmen, das die Technologie des Projekts verwendet, was seine Annahme entwickeln kann. "Die Analyse der technologischen und wirtschaftlichen Komponenten eines Projekts ist ein ausgezeichneter Faktor, um den Wert eines Vermögenswerts wie Bitcoin zu bestimmen."

Die Bewertung des Kryptomarktes ist jedoch schwierig zu bestimmen, da der Basiswert nicht gut definiert ist. Der Wert einer Aktie wird stark von den Ergebnissen des Unternehmens beeinflusst, zu dem sie gehört. Dies ist einer der Gründe, warum Coinhouse Ihnen ein personalisiertes Programm anbietet, um in diesen Markt zu investieren.

Technical analysis

Fundamentale Analyse

Die Analyse eines Projekts, seine technologischen und wirtschaftlichen Komponenten, sein Management durch das Entwicklungsteam, sind ausgezeichnete Faktoren, um den Wert eines Assets wie Bitcoin zu bestimmen. Wir können neue hinzufügen, z.B. ein großes Unternehmen, das die Technologie des Projekts verwendet, was seine Annahme entwickeln kann.

"Die Analyse der technologischen und wirtschaftlichen Komponenten eines Projekts ist ein ausgezeichneter Faktor, um den Wert eines Vermögenswerts wie Bitcoin zu bestimmen."

Die Bewertung des Kryptomarktes ist jedoch schwierig zu bestimmen, da der Basiswert nicht gut definiert ist. Der Wert einer Aktie wird stark von den Ergebnissen des Unternehmens beeinflusst, zu dem sie gehört. Dies ist einer der Gründe, warum Coinhouse Ihnen ein personalisiertes Programm anbietet, um in diesen Markt zu investieren.

Was ist Krypto-Mining? Wie Cryptocurrency Mining funktioniert

Obwohl es Krypto-Mining erst seit dem ersten Bitcoin-Mining im Jahr 2009 gibt, hat es bei Minern, Investoren und Cyber-Kriminellen gleichermaßen für Furore gesorgt. Hier erfahren Sie, was Sie über Cryptocurrency-Mining wissen sollten und wie es funktioniert...Krypto-Mining (oder "Cryptomining", wenn Sie es vorziehen) ist ein beliebtes Thema in Online-Foren. Sie haben wahrscheinlich Videos gesehen und Artikel über Bitcoin, Dash, Ethereum und andere Arten von Kryptowährungen gelesen. Und in diesen Inhalten kommt das Thema Cryptocurrency Mining oft zur Sprache. Aber all das lässt Sie vielleicht mit der Frage zurück: "Was ist Bitcoin-Mining?" oder "Was ist Krypto-Mining?"Kurz gesagt ist Cryptocurrency-Mining ein Begriff, der sich auf den Prozess des Sammelns von Cryptocurrency als Belohnung für die Arbeit, die Sie erledigen, bezieht. (Dies ist als Bitcoin-Mining bekannt, wenn es speziell um das Mining von Bitcoins geht.) Aber warum schürfen Menschen Kryptowährungen? Für manche ist es die Suche nach einer weiteren Einkommensquelle. Für andere geht es darum, eine größere finanzielle Freiheit zu erlangen, ohne dass sich Regierungen oder Banken einmischen. Aber was auch immer der Grund ist, Kryptowährungen sind ein wachsender Bereich des Interesses für Technophile, Investoren und Cyberkriminelle gleichermaßen.

Was ist Krypto-Mining? Cryptocurrency Mining Erklärt

Der Begriff Krypto-Mining bedeutet, Kryptowährungen durch das Lösen von kryptografischen Gleichungen durch den Einsatz von Computern zu gewinnen. Dieser Prozess beinhaltet die Validierung von Datenblöcken und das Hinzufügen von Transaktionsaufzeichnungen zu einer öffentlichen Aufzeichnung (Ledger), die als Blockchain bekannt ist.

In einem technischeren Sinn ist das Mining von Kryptowährungen ein Transaktionsprozess, der die Verwendung von Computern und kryptografischen Prozessen beinhaltet, um komplexe Funktionen zu lösen und Daten in einer Blockchain aufzuzeichnen. Tatsächlich gibt es ganze Netzwerke von Geräten, die am Krypto-Mining beteiligt sind und die gemeinsame Aufzeichnungen über diese Blockchains führen.

Es ist wichtig zu verstehen, dass der Kryptowährungsmarkt selbst eine Alternative zu dem traditionellen Bankensystem ist, das wir verwenden global. Um also besser zu verstehen, wie Krypto-Mining funktioniert, müssen Sie zunächst den Unterschied zwischen zentralen und dezentralen Systemen verstehen.

Traditionelle Banken sind zentralisierte Systeme

Im traditionellen Bankwesen gibt es eine zentrale Behörde, die einen zentralisierten Datensatz (Ledger) kontrolliert, pflegt und aktualisiert. Das bedeutet, dass jede einzelne Transaktion durch das zentrale Banksystem laufen muss, wo sie aufgezeichnet und verifiziert wird. Außerdem handelt es sich um ein eingeschränktes System - nur eine kleine Anzahl von Organisationen (Banken) darf sich direkt mit dem zentralen Banksystem verbinden.

Kryptowährungen verwenden dezentralisierte, verteilte Systeme

Bei Kryptowährungen gibt es weder eine zentrale Behörde noch ein zentralisiertes Hauptbuch. Das liegt daran, dass Kryptowährungen in einem dezentralisierten System mit einem verteilten Hauptbuch (mehr dazu in Kürze), bekannt als Blockchain, arbeiten. Im Gegensatz zum traditionellen Bankensystem kann jeder direkt mit dem Kryptowährungs-"System" verbunden sein und daran teilnehmen. Sie können Zahlungen senden und empfangen, ohne durch eine Zentralbank zu gehen. Deshalb nennt man sie dezentralisierte digitale Währung.

Aber abgesehen davon, dass sie dezentral ist, ist Kryptowährung auch ein verteiltes System. Das bedeutet, dass die Aufzeichnung (Ledger) aller Transaktionen öffentlich zugänglich ist und auf vielen verschiedenen Rechnern gespeichert wird computer. Dies unterscheidet sich von den traditionellen Banken, die wir bereits erwähnt haben, die zentralisierte Systeme sind.

Aber wie werden Transaktionen ohne eine Zentralbank

verifiziert, bevor sie zum Hauptbuch hinzugefügt werden?

Anstatt ein zentrales Banksystem zu verwenden, um

Transaktionen zu verifizieren (z. B. um sicherzustellen, dass der

Absender genug Geld hat, um die Zahlung zu tätigen),

verwendet Kryptowährung kryptografische Algorithmen, um

Transaktionen zu verifizieren.

Und genau hier kommen die Bitcoin-Miner ins Spiel. Die

Durchführung der kryptographischen Berechnungen für jede

Transaktion bedeutet eine Menge Rechenarbeit. Miner

verwenden ihre Computer, um die kryptografische Arbeit

auszuführen, die erforderlich ist, um neue Transaktionen zum

Hauptbuch hinzuzufügen. Als Dank erhalten sie selbst einen

kleinen Betrag an Kryptowährung.

Verstehen der Begriffe: Zentralisiert, Dezentralisiert und Verteilt

Um besser zu verstehen, wovon ich spreche, lassen Sie uns die folgende Grafik betrachten:

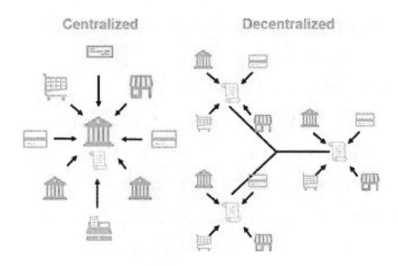

Die Beispiele in der obigen Grafik zeigen die Unterschiede zwischen einem zentralisierten und einem dezentralisierten System.

In der linken Hälfte der Grafik ist ein zentralisiertes System abgebildet. Das traditionelle zentralisierte Währungssystem in den USA funktioniert durch den Einsatz von Computern, Netzwerken und Technologien, die sich im Besitz von Finanzinstituten befinden und von diesen betrieben und gewartet werden institutionen.

Wann immer Sie also Geld an ein Familienmitglied oder einen Freund senden, läuft diese Transaktion über Ihre Bank.

Hälfte der Grafik), arbeitet mit einem Netzwerk von separat besessenen, betriebenen und gewarteten Geräten. Sie stellen ihre Ressourcen zur Verfügung, um dieses dezentrale Netzwerk zu schaffen, und teilen sich die Verantwortung für die Verifizierung von Transaktionen und die gleichzeitige Aktualisierung und Pflege redundanter Versionen des Hauptbuchs.

Ist Krypto-Mining legal?

Im Allgemeinen lautet die Antwort: Ja. Die Entscheidung, ob Krypto-Mining legal oder illegal ist, hängt in erster Linie von zwei wichtigen Faktoren ab: Ihr geografischer Standort und Ob Sie Krypto mit legalen Mitteln schürfen.

Wo Sie jedoch anfangen, in das Gebiet der illegalen Aktivitäten einzudringen, ist, wenn Sie illegale Mittel zum Mining von Kryptowährungen verwenden. Zum Beispiel verwenden einige Cyberkriminelle Javascript in Browsern oder installieren Malware auf den Geräten ahnungsloser Benutzer, um die Rechenleistung ihrer Geräte zu "kapern". Diese Art von Cyberangriff ist als Cryptojacking bekannt. Wir werden noch in diesem Monat einen separaten Artikel zu diesem Thema veröffentlichen, bleiben Sie also dran.

Es ist jedoch wichtig zu beachten, dass das Mining von Kryptowährungen von verschiedenen Regierungen rund um den Globus unterschiedlich betrachtet wird. Die U.S. Die Library of Congress hat einen Bericht veröffentlicht, der besagt, dass zum Beispiel in Deutschland das Mining von Bitcoin als Erfüllung einer Dienstleistung angesehen wird, die das Herzstück des Bitcoin-Kryptowährungssystems ist.

Die LOC berichtet auch, dass viele lokale Regierungen in China
hart gegen Bitcoin-Mining vorgehen, was viele Organisationen
dazu veranlasst, das Mining von Bitcoin ganz einzustellen.
Darüber hinaus betrachten einige Länder Kryptowährungs-
Mining-Gewinne als steuerpflichtig, während andere Länder
die Früchte solcher Aktivitäten als nicht steuerpflichtiges
Einkommen betrachten.

Wir werden in Kürze mehr darüber sprechen, was
Kryptowährungen und Krypto-Mining so attraktiv macht. Aber
lassen Sie uns zuerst aufschlüsseln, wie Kryptowährungs-
Mining tatsächlich funktioniert. Um dies zu tun, werden wir die
Technologien und Prozesse untersuchen, die daran beteiligt
sind.

Wie Kryptomining funktioniert (und ein tieferer Blick auf Blockchain)

Kurz gesagt, verifizieren Krypto-Miner die Legitimität von Transaktionen, um die Belohnungen für ihre Arbeit in Form von Kryptowährungen zu ernten. Um zu verstehen, wie das Mining von Kryptowährungen in einem eher technischen Sinne funktioniert, müssen Sie zunächst die Technologien und Prozesse dahinter verstehen. Dazu gehört das Verständnis, was Blockchain ist und wie es funktioniert.

Das erste, was man wissen sollte, ist, dass zwei Dinge zentral für das Konzept der Blockchain sind: Public-Key-Verschlüsselung und Mathematik. Während ich definitiv ein Fan von Ersterem bin, muss ich zugeben, dass Letzteres nicht meine Stärke ist. Allerdings gehören Public-Key-Kryptographie (auch bekannt als Public-Key-Verschlüsselung oder asymmetrische Verschlüsselung) und Mathematik in Blockchains zusammen wie Burger und Bier.

Traditionelle Kryptowährungen wie Bitcoin verwenden ein dezentrales Hauptbuch, das als Blockchain bekannt ist.

Eine Blockchain ist eine Reihe von verketteten Datenblöcken, die Schlüsseldaten enthalten, einschließlich kryptographischer Hashes.

Diese Blöcke, die integraler Bestandteil einer Blockchain sind,

sind Gruppen von Datentransaktionen, die am Ende des

Hauptbuchs hinzugefügt werden. Dies fügt nicht nur eine

Ebene der Transparenz hinzu, sondern dient auch als Ego-

Inflator, wenn die Leute sehen, dass ihre Transaktionen zur

Blockchain hinzugefügt (verkettet) werden. Auch wenn ihre

Namen nicht darauf stehen, löst es oft ein Gefühl von Stolz

und Aufregung aus.

Aufschlüsselung der Rollen und Prozesse innerhalb der Bitcoin-Blockchain

Es gibt mehrere Schlüsselkomponenten und Prozesse, die an der Erstellung einer Blockchain beteiligt sind. Für diese Erklärung werden wir Folgendes verwenden

Bitcoin als unser Beispiel:

Knoten. Dies sind die Personen und Geräte, die innerhalb der Blockchain existieren (z. B. Ihr Computer und die Computer anderer Cryptocurrency-Miner).

Miner sind die spezifischen Knoten, deren Aufgabe es ist, unbestätigte Blöcke in der Blockchain zu verifizieren ("lösen"), indem sie die Hashes verifizieren. Sobald ein Miner einen Block verifiziert hat, wird der bestätigte Block zur Blockchain hinzugefügt. Der erste Miner, der dem Rest der Nodes mitteilt, dass er den Hash gelöst hat, wird mit einer Kryptowährung belohnt.

Transaktionen. Eine Transaktion ist das Ding, das die Party in Gang bringt. - Ich meine, der Kryptowährungs-Mining-Prozess kommt ins Rollen. Einfach ausgedrückt, ist eine Transaktion ein Austausch von Kryptowährungen zwischen zwei Parteien.

Jede einzelne Transaktion wird mit anderen gebündelt, um eine Liste zu bilden, die zu einem unbestätigten Block hinzugefügt wird. Jeder Datenblock muss dann von den Miner-Knoten verifiziert werden.

Hashes. Diese kryptographischen Einweg-Funktionen ermöglichen es den Knoten, die Legitimität von Cryptocurrency-Mining-Transaktionen zu überprüfen. Ein Hash ist ein integraler Bestandteil jedes Blocks in der Blockchain. Ein Hash wird generiert, indem die Header-Daten des vorherigen Blockchain-Blocks mit einer Nonce kombiniert werden.

Nonces. Eine Nonce ist ein Kryptoausdruck, der eine Zahl beschreibt, die nur einmal verwendet wird. Grundsätzlich beschreibt das NIST eine Nonce als "eine zufällige oder nicht-wiederholender Wert". Beim Krypto-Mining wird die Nonce dem Hash in jedem Block der Blockchain hinzugefügt und ist die Zahl, nach der die Miner lösen.

Konsensalgorithmus. Dies ist ein Protokoll innerhalb der Blockchain, das verschiedenen Notizen innerhalb eines verteilten Netzwerks hilft, zu einer Vereinbarung zu kommen, um Daten zu verifizieren. Die erste Art von Konsensalgorithmus ist als "Proof of Work" oder PoW bekannt.

Blöcke. Dies sind die einzelnen Abschnitte, die die gesamte Blockchain bilden. Jeder Block enthält eine Liste von abgeschlossenen Transaktionen. Blöcke können, sobald sie bestätigt sind, nicht mehr verändert werden. Änderungen an alten Blöcken bedeuten, dass der Hash des modifizierten Blocks - und der jedes Blocks, der seit der Veröffentlichung des ursprünglichen Blocks zur Blockchain hinzugefügt wurde - von allen anderen Knoten im Peer-to-Peer-Netzwerk erkannt werden muss. Einfach ausgedrückt: Es ist praktisch unmöglich, alte Blöcke zu verändern.

Blockchain. Die Blockchain selbst ist eine Reihe von Blöcken, die in chronologischer Reihenfolge aufgelistet sind. Da zuvor veröffentlichte Blöcke nicht mehr verändert werden können, nachdem sie der Blockchain hinzugefügt wurden, bietet dies ein gewisses Maß an Transparenz. Schließlich kann jeder die Transaktionen sehen.

Ein Schritt-für-Schritt-Blick auf den Krypto-Mining-Prozess

Okay, es ist Zeit, einen wirklich granularen Blick auf den Cryptocurrency-Mining-Prozess zu werfen und besser zu verstehen, wie er funktioniert.

1. Knoten verifizieren Transaktionen sind legitim Transaktionen sind die Grundlage, auf der eine Cryptocurrency-Blockchain aufgebaut ist. Betrachten wir also das folgende Beispiel, um zu verstehen, wie das alles zusammenkommt:

Nehmen wir an, Sie sind ein Krypto-Miner und Ihr Freund Andy leiht sich

5.000 Dollar von Ihrem anderen Freund Jake, um sich eine protzige neue High-End-Gaming-Anlage zu kaufen. Es ist ein Spitzencomputer, der mit der neuesten Gaming-Ausrüstung ausgestattet ist. (Sie wissen schon, alles von der LED-Tastatur und der Gaming-Maus bis hin zum großen Multi-Screen-Display und dem Killer-Kombi-Headset mit Mikrofon.) Um sich zu revanchieren, schickt Andy ihm einen Teil der Bitcoin-Einheit. Damit die Transaktion abgeschlossen werden kann, muss sie jedoch noch einen Verifizierungsprozess durchlaufen (mehr dazu in Kürze).

2. Einzelne Transaktionen werden zu einer Liste von anderen Transaktionen hinzugefügt, um einen Block zu bilden

Der nächste Schritt im Krypto-Mining-Prozess ist die Bündelung aller Transaktionen in eine Liste, die dann zu einem neuen, unbestätigten Datenblock hinzugefügt wird. Um beim Beispiel der Spielsystem-Transaktion zu bleiben: Andys Bitcoin-Zahlung an Jake würde als eine solche Transaktion gelten.

Durch das Hinzufügen ihrer Transaktion zur Blockchain (sobald der Verifizierungsprozess abgeschlossen ist), wird das "doppelte Ausgeben" von Kryptowährungen verhindert, indem eine permanente, öffentliche Aufzeichnung geführt wird. Die Aufzeichnung ist unveränderlich, was bedeutet, dass sie niemals manipuliert oder verändert werden kann.

3. Ein Hash und andere Arten von Daten werden dem unbestätigten Block hinzugefügt Sobald genügend Transaktionen zu dem Block hinzugefügt wurden, werden auch zusätzliche Informationen hinzugefügt, einschließlich der Kopfdaten und des Hashs des vorherigen Blocks in der Kette und eines neuen Hashs für den neuen Block.

Was hier passiert, ist, dass der Header des letzten Blocks und eine Nonce kombiniert werden, um den neuen Hash zu erzeugen. Dieser Hash wird dem unbestätigten Block hinzugefügt und muss dann von einem Miner-Knoten verifiziert werden.

In diesem Fall, sagen wir mal, Sie haben das Glück, derjenige zu sein, der das Problem löst. Sie senden einen Aufruf an alle anderen Miner im Netzwerk, um mitzuteilen, dass Sie es geschafft haben, und um sie zu veranlassen, als viel.

4. Miner verifizieren den Hash des Blocks, um sicherzustellen, dass der Block rechtmäßig ist.

In diesem Schritt des Prozesses überprüfen andere Miner im Netzwerk die Echtheit des unbestätigten Blocks, indem sie den Hash überprüfen. Aber wie komplex ist ein Hash? Stellen wir uns als Beispiel vor, Sie wenden einen SHA-256-Hash auf die Klartextphrase "I love cryptocurrency mining" an, indem Sie einen SHA-256-Hash-Rechner verwenden. Das bedeutet, dass die Phrase zu "6a0aa6e5058089f590f9562b3a299326ea54dfad1add8f0a141b 731 580f558a7" werden würde.

Ich weiß nicht, wie es Ihnen geht, aber ich werde sicherlich nicht in der Lage sein, zu lesen oder zu entziffern, was zum Teufel diese lange Zeile Kauderwelsch bedeutet.

5. Sobald der Block bestätigt ist und der Block in der Blockchain veröffentlicht wird

Auf der Seite der Krypto-Miner ist dies der Zeitpunkt zum Feiern, da der Proof of Work (PoW) nun abgeschlossen ist. Der PoW ist der zeitaufwändige Prozess, den Hash zu lösen und anderen zu beweisen, dass Sie dies rechtmäßig auf eine Weise getan haben, die sie verifizieren können.

Von der Benutzerseite aus gesehen bedeutet es im Grunde, dass Andys Überweisung eines Bitcoin-Teilbetrags an Jake nun bestätigt ist und als Teil des Blocks in die Blockchain eingefügt wird. Natürlich wird der neue Block, als der zuletzt bestätigte Block, am Ende der Blockchain eingefügt. Das liegt daran, dass Blockchain-Ledger chronologisch aufgebaut sind und auf zuvor veröffentlichten Einträgen aufbauen.

Wie diese Komponenten im Blockchain-Ökosystem zusammenarbeiten

Wie bleibt dieses Hauptbuch also sicher vor Manipulationen und unbefugten Änderungen? Alle Transaktionen für das Hauptbuch werden mit Public-Key-Kryptografie verschlüsselt. Damit die Blöcke akzeptiert werden, müssen sie einen Hash verwenden, den die Miner-Knoten auf der Blockchain verwenden können, um zu überprüfen, ob jeder Block echt und unverändert ist.

Wer aktualisiert die Blockchain (und wie häufig)?

Da es keine zentralisierte Regulierungsbehörde gibt, die den Austausch verwaltet oder kontrolliert, bedeutet dies, dass die Computer, die diese spezifische Art von Kryptowährung minen, alle dafür verantwortlich sind, das Hauptbuch aktuell zu halten. Und Aktualisierungen der Blockchain sind häufig. Für Zum Beispiel schätzt Buybitcoinworldwide.com, dass die Bitcoin-Blockchain alle 10 Minuten einen neuen Block durch den Mining-Prozess erhält. Mit einer Kryptowährung Blockchain, jeder kann sehen und aktualisieren das Hauptbuch, weil es öffentlich ist. Sie tun dies, indem Sie Ihren Computer verwenden, um zufällige Vermutungen zu generieren, um zu versuchen, eine Gleichung zu lösen, die das Blockchain-System präsentiert.

Wenn Sie erfolgreich sind, wird Ihre Transaktion dem nächsten Datenblock zur Genehmigung hinzugefügt. Wenn nicht, gehen Sie fischen und versuchen es weiter, bis Sie entweder schließlich erfolgreich sind. Oder Sie entscheiden sich, Ihre Zeit und Ressourcen anderweitig zu verwenden.

Nun, da Sie verstehen, was Cryptocurrency-Mining ist und wie es funktioniert, lassen Sie uns ein paar Momente nehmen, um die Anziehungskraft von Cryptocurrencies zu verstehen und warum jemand sie abbauen möchte.

Wann ist der beste Zeitpunkt zum Kauf von Kryptowährungen?

Den perfekten Einstiegskurs für eine Investition zu finden, um die beste Rendite zu garantieren, war schon immer das Äquivalent für die Suche der Spekulanten nach dem Heiligen Gral. Viele profitable Investitionsmöglichkeiten wurden verpasst, um "billiger" zu kaufen. Viele potenzielle Gewinne gingen oft für Spekulanten verloren, die "zu höheren Preisen" verkaufen wollten. Sollten Lösungen wie das Dollar Cost Averaging in Betracht gezogen werden?

Trading, ein anderer Job als Investieren

Auch wenn Day-Trading attraktiv erscheinen mag und die Möglichkeit verspricht, ein Vermögen zu verdienen, indem man den ganzen Tag vor dem Computer sitzt, sieht die Realität ganz anders aus. Laut Forbes beenden 90% der Daytrader ihr Jahr mit roten Zahlen.

Die meisten der verbleibenden 10% haben den Handel zu ihrem Beruf gemacht und beobachten ständig die Märkte und die Fundamentaldaten der Aktien. Es ist ein komplexer, stressiger und risikoreicher Job, der echte Fähigkeiten und die Fähigkeit, jederzeit ruhig zu bleiben, erfordert.

Im Gegensatz zu dem, was "Ausbildung" Verkäufer, youtubers und andere "Influencer" wollen Ihnen oft weismachen, dass Trading kaum eine zusätzliche Tätigkeit zu einem anderen Beruf sein kann.

Es gibt nur zwei Möglichkeiten, Geld zu verdienen: Die erste ist durch Arbeit, die zweite ist durch das Eingehen von Risiken. Trading ist sowohl eine Menge Arbeit als auch eine Menge Risiko.

Die Volatilität von Bitcoin und seine Rolle als Tauschmittel und Wertaufbewahrungsmittel

Bitcoin gehört zu den volatilsten Vermögenswerten, wobei die Kryptowährung oft extreme Preisschwankungen in kurzen Zeiträumen erlebt.

Während ein hohes Maß an Volatilität Chancen für Trader eröffnet, ist der Kauf und das Halten des Assets auch mit erhöhten Risiken verbunden. Ein hochvolatiler Vermögenswert stellt ein erhöhtes Risiko für Investoren dar, da er anfälliger für große Preisschwankungen in kurzen Zeiträumen ist.

Anleger könnten die Vorteile eines Vermögenswerts mit hoher Volatilität nutzen, um mehr (potenzielle) Gewinne zu erzielen. Zusammen mit der Energiebranche, Rohstoffen und aufstrebenden Währungen gehören Kryptowährungen zu den volatilsten Anlageklassen.

Die Volatilität von Bitcoin wird von mehreren Faktoren beeinflusst, darunter die Größe des Marktes, die Liquidität des Assets, die Auswirkungen von Nachrichten, Regulierung und das Ausmaß, in dem Krypto-Investoren auf Spekulation.

Mit einem pro-regulativen Ansatz von Regierungen und einer innovationsorientierten Denkweise von Unternehmen innerhalb des Sektors könnte der Kryptowährungsmarkt weiterhin organisch wachsen und in den kommenden Jahren möglicherweise die Mainstream-Adoption erreichen.

Was ist Volatilität?

Lassen Sie uns mit den Grundlagen beginnen, bevor wir in die Erforschung der Bitcoin-Volatilität eintauchen.

Volatilität ist ein statistisches Maß, das die Streuung der Renditen für ein bestimmtes Asset (z.B. Bitcoin, Aktien, Anleihen) oder einen Marktindex (z.B. den S&P 500, NASDAQ 100) angibt.

Laienhaft ausgedrückt bedeutet eine höhere Volatilität größere Preisschwankungen (in jede Richtung), während niedrigere Volatilitätsniveaus stabilere und vorhersehbare Preisniveaus für ein Asset darstellen.

Die Volatilität ist einer der wichtigsten Faktoren zur Bestimmung des Risikoniveaus verschiedener Vermögenswerte für Investoren. Je höher die Volatilität, desto mehr Risiken stellt ein Vermögenswert für Trader dar.

Es ist immer das, was Bitcoin so attraktiv macht.

In einem unserer früheren Artikel haben wir eingehend untersucht, wie sich Bitcoin im Vergleich zu Gold verhält. Dabei haben wir festgestellt, dass, während Gold eine jährliche Volatilitätsrate von 10% hat, Bitcoin mit atemberaubenden 95% hervorsticht.

Was sind die volatilsten Asset-Klassen?

Wie Sie im obigen Chart sehen können, gehört Bitcoin zu den volatilsten Assets da draußen. Was noch interessanter ist, ist, dass BTC trotz seiner hohen Volatilität die geringste Volatilität unter den digitalen Assets aufweist. Und das macht Sinn, denn Bitcoin hat die größte Marktkapitalisierung, eine bereits etablierte Infrastruktur, eine starke community sowie einen soliden Ruf als die ursprüngliche Kryptowährung der Welt.

Die Energiebranche - die Vermögenswerte wie Öl, Gas, Kohle und erneuerbare Energietechnologien umfasst - weist die höchste Volatilität im globalen Finanzwesen auf. In den letzten Jahren hat die Volatilität von Öl die von Bitcoin sogar mehrfach übertroffen.

Als Folge des aktuellen COVID-19 Ausbruchs und des Ölpreiskriegs zwischen Russland und Saudi-Arabien stieg die Volatilität des Assets in einem sehr kurzen Zeitraum an und war zum Zeitpunkt des Schreibens dieses Artikels 2,5 Mal volatiler als Bitcoin.

Der Rohstoffsektor - der natürliche Ressourcen wie Öl und Gas, Edelmetalle und landwirtschaftliche Güter wie Rindfleisch und Getreide umfasst - zeichnet sich oft durch ein hohes Maß an Volatilität aus.

Schwellenländerwährungen repräsentieren die nationalen Währungen von Ländern, die sich im Prozess der wirtschaftlichen Entwicklung befinden; die führenden Länder dieser Kategorie werden oft als BRIC (Brasilien, Russland, Indien und China) bezeichnet.

Schwellenländerwährungen sind viel volatiler als die großen Fiat-Währungen (z. B. USD, EUR, GBP).

Tatsächlich gehören zu den am wenigsten volatilen Anlageklassen wichtige Fiat-Währungen wie der USD und der EUR, niedrig verzinste Staatsanleihen entwickelter Länder (z. B. Großbritannien, Deutschland), börsengehandelte Fonds (ETFs) mit geringer Volatilität und Aktien etablierter Unternehmen in risikoarmen Sektoren.

Wie berechnet man die Volatilität von Bitcoin?

Während es mehrere Möglichkeiten gibt, die Volatilität zu messen, zeigt die am meisten akzeptierte Methode die Standardabweichung zwischen den Renditen desselben Markt-Assets oder -Indexes an.

Sie können die Bitcoin-Volatilität entweder selbst berechnen oder vorberechnete BTC-Volatilitätsindizes mit externen Ressourcen wie BitPremier oder Woobull verwenden.

Berechnungsbeispiel

Nehmen wir an, dass wir die Volatilität von Bitcoin für einen Zeitraum von 12 Monaten messen möchten.

Der Einfachheit halber nehmen wir an, dass BTC den ersten Monat mit einem Preis von $1.000 abgeschlossen hat, den zweiten Monat mit $2.000, und dann diesen monatlichen Wertzuwachs von $1.000 bis zum Ende der Periode fortsetzen.

Führen Sie die folgenden Schritte aus, um die Volatilität von Bitcoin für diesen Zeitraum mit dem Standardabweichungsmodell zu berechnen:

Der erste Schritt ist, den Mittelwert oder Durchschnittspreis von Bitcoin für den Zeitraum zu finden. Der einfachste Weg dies zu tun ist, die Werte jedes Monats zu addieren und durch die Gesamtzahl der Monate zu teilen:

Beispiel: $1.000 + $2.000 + $3.000 +... + $12.000 = $78.000 / 12 Monate = $6.500

Der nächste Schritt besteht darin, die Differenz zwischen dem BTC-Schlusskurs für jeden Monat und dem Durchschnittskurs für den Zeitraum zu berechnen. Da wir jeden einzelnen Wert benötigen, empfehlen wir die Verwendung einer Tabellenkalkulation, um diese Statistik (auch Abweichung genannt) zu berechnen.

Beispiel: $12.000 - $6.500 = $5.500

Um negative Werte zu eliminieren, sollte jeder Abweichungswert quadriert werden.

Beispiel: (-5,500)2 = 30,250,000

Wenn Sie alle Abweichungswerte für jeden Monat haben, addieren Sie sie zusammen.

Beispiel: 30,250,000 + 20,250,000 + ... + 30,250,000 = 143,000,000

Teilen Sie nun die Summe der quadrierten Abweichungswerte durch die Gesamtzahl der Monate, um die Varianz zu berechnen.

Beispiel: 143.000.000 / 12 = 11.916.667

Nehmen Sie die Quadratwurzel der Varianz, die Sie gerade berechnet haben, um die Standardabweichung des Bitcoin-Kurses für 12 Monate zu messen.

Beispiel: $\sqrt{11{,}916{,}667} = 3{,}452$

Die Standardabweichung von $3.452 zeigt, wie sich die Werte um den durchschnittlichen Bitcoin-Preis herum verteilen. Nutzen Sie diesen Wert, um einen Einblick zu erhalten, wie weit der BTC-Preis vom Durchschnittswert des digitalen Assets abweichen kann.

Welche Faktoren beeinflussen die Volatilität von Bitcoin?

Wie bereits erwähnt, ist Kryptowährung eine sehr volatile Anlageklasse, die anfällig für große Preisausschläge in kurzen Zeiträumen ist, aber warum?

Eine aufstrebende Anlageklasse

Mit dem Jahr 2009 als Geburtsjahr von Bitcoin ist der Kryptomarkt noch sehr jung.

Und die Geschichte hat bewiesen, dass ein junger Markt, der eine neue Technologie beinhaltet, einem erhöhten Maß an Volatilität und Turbulenzen unterliegt.

Eine neue Technologie stellt immer ein erhöhtes Risiko für Investoren dar, da die Ausfallrate zu Beginn höher ist.

At the time of writing this article, the total market capitalization of the crypto market is approximately $204 billion.

In contrast, Microsoft (MSFT) stocks alone have a market cap of $1.32 trillion, which is nearly 6.5 times larger than the whole digital asset sector's.

The difference is even higher between the market capitalization of the S&P 500 ($21.42 trillion) and the crypto industry, with the prior representing a 105 times bigger market cap than digital assets.

These stats obviously show that digital assets have not yet been adopted by the masses.

However, as time passes, we can expect this technology to further develop, and investors in crypto would argue that as more people come to adopt crypto for usage (instead of mere speculation), we can expect market cap to go up and volatility to go down.

Example: Tech Stocks and the Dot Com Bubble

Let's look at a past example of a relatively new sector that has been highly volatile.

Die späten 1990er und frühen 2000er Jahre sind bekannt für den Aufstieg von internetbezogenen Tech-Unternehmen, der schließlich zu einer der größten Börsenblasen, dem Dot Com Crash, führte.

Laut einer Studie, die einige Jahre nach der Dot-Com-Blase durchgeführt wurde, erlebte der NASDAQ Composite Index - der zahlreiche Tech-Aktien enthält - zwischen 1998 und 2001 eine übermäßige Volatilität.

Während der NASDAQ Composite alle an der Börse notierten Aktien umfasst, hatte der NASDAQ 100 - in dem Ende 1998 Tech-Werte 70 % der gesamten Marktkapitalisierung ausmachten - während der Dot Com Bubble einen großen Einfluss auf die Bewertung des Index.

Das obige Diagramm zeigt, dass die Volatilität des NASDAQ Composite im Jahr 1998 auf bis zu 53 % angestiegen war und im Jahr 2001, als der Tech-Aktienmarkt zusammenbrach, 85 % erreichte.

Der NASDAQ Composite war zu dieser Zeit so volatil, dass seine Volatilität gegenüber dem S&P 500 fast 400 % erreichte, als die Tech-Blase platzte.

Nach der Dot-Com-Blase waren viele Tech-Unternehmen verschwunden. Andere hatten es geschafft, den Marktcrash zu überleben. Seitdem hat der Technologiesektor eine gute reputation and built out a decent infrastructure for itself.

As a result, the volatility of tech stocks has decreased significantly.

Between September 2009 and February 2020, the NASDAQ 100's volatility index (VXN) has mostly lingered between 15 and 20%, and never exceeding 50% (except in March 2020 due to the impact of the COVID-19 outbreak).

Spekulation

Das Ausmaß, in dem Krypto-Händler ihre Handlungen auf Spekulationen stützen, spielt auch eine Rolle bei der Volatilität von Bitcoin.

Auf einer oberflächlichen Ebene, wenn Händler die Märkte genau beobachten und zwischen den Vermögenswerten hin und her springen, um die Tiefs zu kaufen und die Hochs zu verkaufen, möglicherweise mit Hebelwirkung, ohne wirklich die Fundamentaldaten zu untersuchen oder den breiteren Kontext zu betrachten, kann dies zu irrationalem Marktverhalten führen.

Auf einer tieferen Ebene, wenn Leute, sagen wir, Bitcoin nur aus spekulativen Gründen halten - ohne die Absicht, es als digitales Bargeld zu nutzen, oder im Fall von ETH als Mittel zur Entwicklung dezentraler Anwendungen, kann dies die Liquidität (in extremen Fällen) beeinträchtigen, aber noch wichtiger ist, dass solche Investoren eher dazu neigen, ihr Vermögen zu veräußern, sobald es irgendwelche schlechten Nachrichten gibt, und sei es nur, weil es für sie keinen praktischen Nutzen hat.

Wo stehen wir also bei der tatsächlichen Nutzung?

Laut einem Chainalysis-Bericht stammten in den ersten vier Monaten des Jahres 2019 nur 1,3 % der BTC-Transaktionen von Händlern und 3,9 % von (anderen) Peer-to-Peer (P2P)-Aktivitäten, was darauf hindeutet, dass die Spekulation immer noch der führende Anwendungsfall für Bitcoin ist.

Die Zukunft der Volatilität von Bitcoin

Wir wissen, dass Bitcoin ein sehr volatiles Asset ist. Aber wird er jemals weniger volatil werden?

Wenn immer mehr Menschen Kryptowährungen annehmen und das Ökosystem der digitalen Assets sich organisch weiterentwickelt, dann wäre das zu erwarten.

Wenn das passiert, könnte die Größe des Krypto-Marktes wachsen und neue reale Anwendungsfälle für Verbraucher und Unternehmen gleichermaßen bieten, während die Spekulations- und Liquiditätsprobleme der digitalen Vermögenswert-Wirtschaft gelöst werden.

Eine Pro-Krypto-Regulierung könnte auch dazu beitragen, das Ausmaß der Preisschwankungen zu verringern, da sie für Klarheit sorgen, Vertrauen schaffen und es ermöglichen würde, dass viel mehr Kapital aus der regulierten Gemeinschaft in den Raum fließt.

Verstehen der verschiedenen Möglichkeiten, in Bitcoin zu investieren

Bitcoin wurde mit der Absicht entwickelt, eine internationale Währung zu werden, um die von der Regierung ausgegebenen (Fiat-)Währungen zu ersetzen. Seit seiner Einführung im Jahr 2009 hat sich Bitcoin zu einem hochvolatilen Investitionsobjekt entwickelt, das für Transaktionen verwendet werden kann, bei denen Händler es akzeptieren.

Können Sie und sollten Sie in Bitcoin investieren? Sie können, und es hängt von Ihrer Risikobereitschaft ab. Lernen Sie die verschiedenen Arten, wie Sie in Bitcoin investieren können, Strategien, die Sie verwenden können und die Gefahren, die mit dieser Kryptowährung verbunden sind.

Investment-Typen

In den letzten zehn Jahren sind mehrere Möglichkeiten aufgetaucht, in Bitcoin zu investieren, darunter Bitcoin-Trusts und ETFs, die aus Bitcoin-bezogenen Unternehmen bestehen.

Eigenständigen Bitcoin kaufen

Die erste Möglichkeit, in Bitcoin zu investieren, ist der Kauf eines Coins oder eines Teils eines Coins über Handels-Apps wie Coinbase. In den meisten Fällen müssen Sie persönliche Informationen angeben, um ein Konto einzurichten.

Konto, dann zahlen Sie Geld ein, das Sie zum Kauf von Bitcoins verwenden werden. Einige Plattformen können eine Mindesteinzahlung für den Kauf von Bitcoins verlangen, dann haben Sie, wie bei jeder Aktie oder ETF, Zugriff auf die Kursentwicklung von Bitcoin und die Möglichkeit, zu kaufen oder zu verkaufen. Wenn Sie kaufen, wird Ihr Kauf sicher in einer verschlüsselten Wallet aufbewahrt, auf die nur Sie Zugriff haben.

Greyscale's Bitcoin Investment Trust (GBTC)

Investoren, die über die Kapitalmärkte in Bitcoin investieren möchten, können über Greyscale's Bitcoin Investment Trust (GBTC) eine Investition tätigen. Die Nutzung von Greyscale bietet bestimmte Vorteile, die eine Investition in Bitcoin zu einer bekömmlicheren Option machen. Zum einen können Anteile des GBTC in bestimmten IRA-, Roth IRA- und anderen Brokerage- und Investorenkonten gehalten werden, was einen einfachen Zugang für alle Ebenen von Investoren in einer Vielzahl von Konten ermöglicht.

Die Anleger erhalten ein Produkt, das den Wert von einem Zehntel eines Bitcoins abbildet. Wenn der Wert von Bitcoin beispielsweise bei $1.000, sollte jeder Anteil von GBTC einen Nettoinventarwert von $100. Dieser Wert ist nicht ohne Kosten, da GBTC eine Gebühr von 2% einbehält, die den zugrunde liegenden Wert beeinflusst. In Wirklichkeit zahlen die Investoren für Sicherheit, Benutzerfreundlichkeit und Liquidität (Umwandlung in Bargeld).

Durch die Einrichtung starker Offline-Speicher-Mechanismen ermöglicht GBTC Anlegern, die technisch weniger versiert sind, Folgendes sicher auf den Bitcoin-Markt zugreifen.

GBTC wird auch an den Kapitalmärkten gehandelt, wodurch er mit einem Auf- oder Abschlag auf seinen Nettoinventarwert (NAV) gehandelt werden kann.

Amplify Transformational Data Sharing ETF (blok)

BLOK ist ein aktiv verwalteter Fonds, der Beteiligungen in 15 verschiedenen Branchen hat und an der New York Stock Exchange Arca gehandelt wird. Das Unternehmen investiert in Unternehmen, die sich mit Blockchain-Technologien beschäftigen und diese entwickeln. Die Netto-Kostenquote von BLOK beträgt 0,70 %.

Bitwise 10 Privater Index-Fonds

Der Bitwise 10 Private Index Fund basiert auf dem Bitwise 10 Large Cap Crypto Index, einem Korb von großvolumigen Coins, bei dem das Unternehmen versucht, Sicherheit und die Benutzerfreundlichkeit eines traditionellen ETFs zu bieten. Die Bitwise 10 Private erfordert eine $25.000 Mindestinvestition und hat eine Gebührenquote von 2,5%. Ähnlich wie bei GBTC werden die Vermögenswerte in Cold Storage (offline) gehalten, was die notwendige Sicherheit für seine Investoren bietet.

Investment-Strategien

Hodl (eine absichtliche Falschschreibung von "hold") ist der Begriff, der in der Bitcoin-Investment-Community für das Halten von Bitcoin verwendet wird - es hat sich auch zu einem Backronym entwickelt (wobei ein Akronym aus einem bestehenden Wort gebildet wird) - es bedeutet "für das liebe Leben festhalten". Ein Investor, der seine Bitcoin festhält, ist "hodling" oder ein "hodler". Viele Menschen investieren in Bitcoin, indem sie einfach die Kryptowährung kaufen und halten.

Das sind die Leute, die an den langfristigen Wohlstand von Bitcoin glauben, und sie sehen jede Volatilität auf kurze Sicht als wenig mehr als einen kleinen Ausrutscher auf einer langen Reise zu einem hohen Wert.

Long-Positionen auf Bitcoin

Einige Investoren wollen eine sofortige Rendite erzielen, indem sie Bitcoin kaufen und am Ende einer Preisrallye verkaufen. Es gibt mehrere Möglichkeiten, dies zu tun, einschließlich des Verlassens auf die Volatilität der Kryptowährung für eine hohe Rendite, sollte sich der Markt zu Ihren Gunsten bewegen. Mehrere Bitcoin-Handelsseiten gibt es jetzt auch, die gehebelten Handel anbieten, bei dem die Handelsseite Ihnen effektiv Geld leiht, um hoffentlich Ihre Rendite zu erhöhen.

Short-Positionen auf Bitcoin

Einige Investoren könnten darauf wetten, dass der Wert von Bitcoin sinkt, besonders während einer Bitcoin-Blase (ein schneller Preisanstieg gefolgt von einem schnellen Preisverfall). Investoren verkaufen ihre Bitcoins zu einem bestimmten Preis und versuchen dann, sie zu einem niedrigeren Preis wieder zurückzukaufen.

Wenn Sie zum Beispiel einen Bitcoin im Wert von $100 gekauft haben, würden Sie ihn für $100 verkaufen und dann warten, bis der Wert dieses Bitcoins sinkt. Angenommen, der Käufer dieses Bitcoins wollte verkaufen, könnten Sie es zum niedrigeren Preis zurückkaufen. Sie machen einen Gewinn aus der Differenz zwischen Ihrem Verkaufspreis und Ihrem niedrigeren Kaufpreis.

Es kann schwierig sein, eine Plattform für Leerverkäufe zu finden, aber die Chicago Mercantile Exchange bietet derzeit Optionen für Bitcoin-Futures an.8

Es besteht immer die Gefahr, dass sich der Markt gegen Sie bewegt, wodurch Sie das Geld, das Sie eingesetzt haben, verlieren. Jeder Trader sollte die Konzepte von Leverage und Margin Calls verstehen, bevor er eine Leerverkaufsstrategie in Betracht zieht.

Das Risiko verstehen, wenn Sie in Bitcoin investieren

Diese Schwankungen können dramatisch sein. Im April 2013 schnappte die Welt nach Luft, als der Wert von Bitcoin innerhalb eines Monats von etwa $40 auf $140 anstieg. Dieser Anstieg verblasste jedoch im Vergleich zu dem Bitcoin-Anstieg von 2017. Im Januar schwebte Bitcoin zwischen $900 und $1.000. In der ersten Septemberwoche stieg er über $4.700, nur um zwei Wochen später in die Nähe von $3.600 zu fallen. Mitte Dezember raste er auf ein Allzeithoch von $19,891.99, um dann weniger als zwei Monate später auf rund $6,330 abzustürzen.

Exchanges können Störungen und Hacks haben

Tauschbörsen können heikel sein, weil viele von ihnen sich als sehr unzuverlässig erwiesen haben - besonders in den frühen Tagen von Bitcoin. Eine der ersten und größten Bitcoin-Börsen, Mt. Gox mit Sitz in Japan, brach zusammen, nachdem sie gehackt wurde - und verlor 850.000 Bitcoins und Hunderte von Millionen Dollar. Im April 2016 führte eine Panne bei einer Börse dazu, dass der Bitcoin-Preis bei Coinbase kurzzeitig auf $0,60 fiel.

Welches sind die zehn wichtigsten Kryptowährungen, neben Bitcoin?

Diese Frage erlaubt es uns, den Gesundheitszustand der virtuellen Währungen zu beurteilen und die zwölfmonatige, unaufhaltsame Rallye zurückzuverfolgen: Tatsächlich wurden Kryptos bisher weitgehend durch das wachsende Vertrauen der Investoren in eine fortschreitende Dezentralisierung des Geldsystems belohnt, und am besten konnte vor allem Bitcoin von der Gunst des Marktes profitieren, der mittlerweile eine Marktkapitalisierung von 862 Milliarden Dollar aufweist.

Aber hinter BTC steckt noch viel mehr. Genauer gesagt, eine große Anzahl von Kryptos, die als Altcoins bekannt sind. Von diesen sind einige im Entstehen begriffen, andere bereits weit verbreitet, um Waren oder Dienstleistungen zu erwerben: Im Folgenden finden Sie eine Liste der wichtigsten in Bezug auf die Marktkapitalisierung.

Ethereum

Gleich hinter Bitcoin finden wir Ethereum, die native Währung der gleichnamigen dezentralen Plattform, die vom russischen Programmierer Vitalik Buterin konzipiert wurde. Bisher hat sich Ethereum noch stärker entwickelt als der BTC, obwohl der Kurs deutlich niedriger ist

- 1.460 Dollar, verglichen mit Bitcoins 45.869 Dollar - und folglich auch die Marktkapitalisierung, die bei 167 Milliarden Dollar liegt.

Was der Kryptowährung zur Rallye verhalf, war neben den bullischen Faktoren, die allen virtuellen Währungen gemein sind, das Update der Plattform, auf der sie verankert ist, jetzt bekannt als Ethereum 2.0 dank des Übergangs zum Proof-of-Stake, ein Upgrade, das dem Netzwerk mehr Sicherheit und Geschwindigkeit verleiht.

Binance Coin

An zweiter Stelle steht Binance Coin, die Kryptowährung, die als Handelsplattform auf Binance Exchange dient. Die Plattform ist jetzt in den Top-Rängen in Bezug auf das verwaltete Handelsvolumen und wurde - wie das Asset - von Chanpeng Zhao geschaffen.

Die Kryptowährung wird bei 225 US-Dollar gehandelt, was einen starken Anstieg gegenüber dem Wert von 41 US-Dollar vor einem Monat darstellt und eine positive prozentuale Veränderung von 448 % bedeutet, was deutlich über der Wachstumsrate der beiden Top-Kryptos nach Marktkapitalisierung, Bitcoin und Ethereum, liegt. Marktkapitalisierung, auf der anderen Seite, steht bei $34.9 Milliarden.

Tether

Auf der obersten Stufe des Podiums steht Tether, einer der ersten Stablecoins auf dem Markt. Tether ist in der Tat an den US-Dollar gekoppelt, um die Volatilität einzudämmen, die seit seiner Einführung starke Schwankungen bei Krypto-Kursen verursacht.

Gestartet im Jahr 2014 mit der Absicht, "die Verwendung von Fiat-Währungen im digitalen Modus zu erleichtern", wie von der obersten Leitung der Plattform angegeben, hat die virtuelle Währung eine Notierung von $1 und eine Marktkapitalisierung von $34.8 Milliarden

Cardano

An vierter Stelle steht Cardano, eine Kryptowährung, die von einer gleichnamigen Plattform betrieben wird und 2015 von einem Pool von Mathematikern, Ingenieuren und Kryptografie-Experten gegründet wurde. Auch hinter dem Cardano-Projekt steht Charles Hoskison, einer der fünf Programmierer hinter dem ersten Altcoin nach Marktkapitalisierung, Ethereum.

Bezogen auf die "Ethereum-Killer" wegen seiner besseren blockchain, Cardano ist in gewisser Weise noch ein embryonales Projekt. Derzeit, die cryptocurrency hat einen Wert von $1.09 und eine Marktkapitalisierung von $33.9 Milliarden.

Polkadot

An fünfter Stelle steht die virtuelle Währung Polkadot. Die Kryptowährung wurde von Gavin Wood, einem weiteren Gründer und CTO der dezentralen Ethereum-Plattform, geschaffen und soll die Interoperabilität zwischen verschiedenen Blockchains sicherstellen.

Die Währung, die auf dem Markt als DOT bekannt ist, ist ein Neuzugang und wird derzeit bei 30 Dollar gehandelt, was einen starken Anstieg gegenüber der ersten Notierung bedeutet, und hat eine Marktkapitalisierung von 29 Milliarden Dollar.

Litecoin

Litecoin, eine 2011 geschaffene Kryptowährung, nimmt den sechsten Platz mit einer Marktkapitalisierung von 11,3 Milliarden Dollar und einem aktuellen Preis von 170 Dollar ein. Auch dies ist ein deutlich höherer Preis als vor einem Jahr und bescheinigt eine positive prozentuale Veränderung von 178 %.

Chainlink

Hinter Litecoin verbirgt sich Chainlink, die Kryptowährung, die vom gleichnamigen dezentralen Netzwerk verwaltet wird und als Brücke zwischen Smart Contracts - wie denen in Ethereum - und externen Daten fungiert.

Entwickelt von den Programmierern Sergey Nazarov und Steve Ellis, ist die Währung in eine Preisfindungsphase eingetreten dank der Gerüchte, dass Grayscale bereit ist, einen Fonds basierend auf Link, dem Marktnamen der Kryptowährung, aufzulegen. Chainlink, zum Zeitpunkt des Schreibens, hat eine Marktkapitalisierung von $10.3 Milliarden, und ist bei $25 gehandelt.

Bitcoin Bargeld

An achter Stelle kehrt Bitcoin zurück, allerdings in einem anderen Gewand. Bitcoin Cash ist, wie die referenzierte Website erklärt, "Peer-to-Peer elektronisches Geld für das Internet". Es ist, kurz gesagt, eine Abspaltung von BTC, d.h. eine Währung, die aus internen Unstimmigkeiten zwischen Minern, Entwicklern und Investoren über die Bitcoin-Protokolle entstanden ist und sich komplett von den Zentralbanken und dem Vertrauen institutioneller Investoren löst.

Kurz gesagt, ein Derivat von Bitcoin, das sich laut den Gründern enger an die von Satoshi Nakamoto, dem Kopf hinter dem BTC-Projekt, diktierten Richtlinien hält. Im Moment wird Bitcoin Cash bei $481 gehandelt und berührt eine Marktkapitalisierung von $8,9 Milliarden.

Stellar

Ganz unten befindet sich Stellar, ein Blockchain-Netzwerk, das von einem ehemaligen Ripple-Mitglied, Jed McCaleb, gegründet wurde und dafür verantwortlich ist, dass Finanzinstitute miteinander verbunden sind, um Transaktionen mit hohem Volumen durchzuführen.

Das Netzwerk verwaltet eine Kryptowährung, die auf dem Markt als Lumens bekannt ist und jetzt bei $0,38

- unter dem Allzeithoch, das am 1. Januar 2018, auf dem Höhepunkt der Spekulationsblase, mit 0,53 $ erreicht wurde - und hat eine Marktkapitalisierung von 8,6 Mrd. $.

Monero

An letzter Stelle steht Monero, eine sichere, private und nicht zurückverfolgbare Kryptowährung. Im April 2014 gestartet, hat die Währung seit ihrer Einführung viel Interesse geweckt. Die Entwicklung des Assets wird durch Spenden der Community gewährleistet, und der Fokus lag immer auf Dezentralisierung und Skalierbarkeit.

Dank der Anonymität der Kryptowährung konnten sich im Laufe der Jahre Tausende von politischen Dissidenten dem Zugriff der Regime entziehen, aber gleichzeitig haben kriminelle Netzwerke einen fruchtbaren Boden für ihre illegalen Transaktionen gefunden. Zum Zeitpunkt der Erstellung dieses Artikels wird die Währung bei $204 gehandelt, was einer Marktkapitalisierung von $3,6 Milliarden entspricht.

Die gemeldeten Kryptowährungsnotierungen sind aktualisiert am 26/02/2021.

Bitcoin: Wie viel würden Sie haben, wenn Sie investieren 100 Dollar im Jahr 2010?

Kürzlich nannte Daniel Polotsky, CEO von CoinFlip, einem der größten Bitcoin-Geldautomaten-Unternehmen in den USA, die von Satoshi Nakamoto erfundene Kryptowährung "die am besten performende Anlage des letzten Jahrzehnts."

Eine Performance, die einen deutlichen Nachhall auf den Wert von Investitionen im Laufe der Jahre hat; obwohl sie einer enormen Volatilität unterliegt, bringt das Halten von Kryptowährungen im Laufe der Jahre auf jeden Fall beträchtliche Renditen im Vergleich zur ursprünglichen Investition.

Aber schauen wir uns stattdessen das Best-Case-Szenario an: Nehmen wir an, Sie sind eingestiegen, als ein Bitcoin 10 Cent kostete, also im Oktober 2010. Wie viel würde eine Investition von 100 Dollar im Jahr 2010 einbringen?

CNBC gibt uns die Antwort: 1.000 Bitcoins. Die in der Spitze 57 Millionen Dollar wert wären.

Wir wären, um es einfach auszudrücken, Ultramillionäre dank eines Vertrauens, das in nur 100 Dollar beziffert werden kann, die vor weniger als 12 Jahren angelegt wurden.

Es muss jedoch gesagt werden, wie CNBC zu Recht darauf hinweist, dass 12 Jahre viel zu lang sind, und es ist sehr selten, um nicht zu sagen unmöglich für einen Investor, einen Vermögenswert von solcher Volatilität für eine so lange Zeit zu halten.

Ist es zu spät, um in Bitcoin zu investieren?

Während die Kryptowährung weiter nach vorne reißt - jetzt bei $52.804, aber unter den Spitzenwerten vom Wochenende - beginnt die Frage in den Köpfen der Investoren zu schwirren.

Es gibt zwei Denkschulen: auf der einen Seite die BTC-Loyalisten, die in der neuen Mainstream-Natur der Kryptowährung den Treibstoff sehen, um die Rallye weiter anzuheizen; auf der anderen Seite die Skeptiker der ersten Stunde, die das Risiko neuer Regulierungen und die erhebliche Unzuverlässigkeit der Währung im Blick haben. Dazwischen, vielleicht, die Wahrheit.

Wenn Sie dies lesen, können sich einige Daten bereits geändert haben.